AF142031

Les Otages.

Wilfried Célérien

Les Otages.

Edition : Books on Demand, 12/14 rond point des Champs Elysées,75008 Paris, France, Imprimé par Books on Demand GmbH, Gutenbergring 53, 22848 Norderstedt, Allemagne

ISBN-13 : 9782810601080

« Voilà, c'est fini,
Je libère ma vie,
Je soulage mon esprit,
Je guéris mon cœur
Des maux qui le tourmentent,

J'appuie sur la gâchette !
Me voilà libre !

Le désir de ne plus être l'invisible
Le désir de ne plus être sans Amour
Le désir d'abandonner sa solitude aux
autres
Le désir de connaître la paix et le repos
Le désir de ne plus attendre la sonnerie du
téléphone
Le désir de consommer son réconfort
Le désir de faire preuve d'un extrême
égoïsme

Pour une fois, oui, une seule et unique fois,

Être le maître de sa Vie,

Le seul propriétaire de sa Mort. »

à J.B.

à **M.**, **G.**, **T.** et **L.**

Avant-propos.

Cela faisait plusieurs années que j'avais en tête l'écriture d'un livre sur la maltraitance. Mais comment aborder ce sujet de façon juste et sans tomber dans un misérabilisme presque inévitable?

Beaucoup de questions me sont passées par la tête. Peut-on parler de tout? Mon but n'étant pas de choquer ou même de condamner... Je voulais juste faire une sorte d'état des lieux d'une situation pour la mener à son terme.

L'histoire que je tiens à vous raconter, aussi étrange que cela puisse paraître, est tirée de faits plus que réels. Chaque personnage existe... Ensuite, je me suis permis, pour les besoins du récit, une libre interprétation de certains événements. Cependant, avec le désir de rester le plus fidèle possible à cette histoire, très peu de modifications y ont été apportées.

Volontairement, j'ai tenu à ce que l'histoire soit courte, je ne pouvais pas, par respect, tout raconter, j'ai donc effectué un travail de synthétisation pour ne garder que ce qui me semblait important au sens et qui de façon imagée permettait une bonne compréhension du récit.

La lutte face à la maltraitance nous concerne tous. Notre silence dans de telles situations peut être pire que l'acte en lui-même.

« L'enfant qui souffre n'a pas le temps d'attendre. »

Alexis DANAN.

J'ai aujourd'hui trente-deux ans, trente-deux longues années que je dois à présent raconter, coucher sur le divan de la Psychanalyse

Les blessures de l'enfance sont les plus longues à cicatriser. Bien souvent, elles ne se referment jamais et nous laissent un goût amer d'incompréhension. On grandit avec trop de questions qui, le plus clair du temps, demeurent sans réponses. Être parents de nos jours, c'est sûr, ce n'est pas la même chose qu'il y a trente ans. Mais c'est quoi au juste être parents? Vaste sujet, j'en conviens mais lorsque nous sommes enfants, c'est une question primordiale.

Pourquoi devrions-nous devenir des objets sous la coupe d'Adultes qui veulent nous apprendre ce qu'eux même ont été incapables d'apprendre? Pourquoi devrions-nous devenir les pansements de leurs blessures?

Pourquoi devrions-nous devenir les héritiers de vos propres incapacités?

Car n'est ce pas là notre rôle premier? S'il est une chose que chaque Adulte se dit en devenant parents, c'est qu'ils ne veulent absolument pas reproduire ce que leurs propres parents ont fait... Et à force de ne pas vouloir leurs ressembler, ils ne se rendent même pas compte qu'ils ne peuvent que faire les mêmes erreurs. Ils se persuadent tellement de leurs différences qu'ils en oublient l'essentiel, l'enfant! L'enfant qui bien souvent se cache pour pleurer, s'enferme dans un monde imaginaire, hermétique, où tout est beau et sans Adulte...

Et ce pour quelle raison? Juste parce que l'Adulte n'a jamais su comment nous protéger de l'Adulte lui-même!

Pourquoi faire cette démarche? Bonne question... Un trop plein peut-être ou trop de vide, je ne sais pas. Un manque, c'est sûr!

Ce que je sais? Que je souffre... Pour quelle raison? C'est encore flou.

Mon enfance?

Comment aborder ce sujet... Comment le dire de façon juste, sans hésitations, sans pleurs, sans peurs... Je crois que même cela reste une source d'angoisse, une souffrance. Dire que je suis le fruit de l'amour serait certes tentant, mais ce serait mentir. Non, je crois que même cela faisait parti du plan.

Du plan?

C'est trop tôt encore. Trop frais dans mon esprit... Pourtant, il me semble que j'étais un enfant heureux. L'insouciance de l'âge. Mes parents réunis autour de nous, ma famille. Le bonheur reste quand même une notion assez abstraite car je me rends compte que l'être humain est capable de faire semblant, il singe une fausse idée du bien-être! Il sauve les apparences... Ça en deviendrait presque drôle, cette façon pathétique que nous avons de faire croire ce qui n'existe pas; et le pire c'est qu'en plus on se permet de nous dire que le mensonge, c'est mal!

Mais tout le monde ment...

Vous allez sûrement trouver que j'ai une vision bien négative des choses. Mais comment pourrait-il en être autrement? ... Le mensonge, c'est comme le baobab de Saint Ex, ça grossit, grossit, jusqu'à nous en étouffer. Je pense que chez certaines personnes, cette graine a pourri avant de germer, mais elle donne tout de même naissance à un arbre aux allures de déchet et dès qu'une personne de ce genre ouvre la bouche, elle ne sait que vomir des immondices qui ne font que nous salir un peu plus à chaque fois. C'est pour ça que nous sommes devenus, notre père et nous, les victimes de ce fameux plan...

Enfin, je dis mon père... Peut être que je n'ai plus le droit d'utiliser ce mot à présent?

Pourquoi? Tout simplement parce que cela fait bien longtemps que je ne le vois plus. Très franchement, si demain je devais le croiser, je ne suis même pas sûr qu'il saurait me reconnaître.

Je ne pensais pas en arriver là aussi tôt, mais pourtant c'est bien ce qui a motivé ma démarche. Mon seul regret, c'est de devoir faire cette dernière seul, car nous sommes quatre dans cette « fratrie » un peu particulière... Il y a **M**arie, **G**aëlle, **T**ommy et moi, **L**aurent.

Vous savez, la maltraitance, ce n'est pas qu'une question de violence physique ou de viole, c'est aussi la négligence et le contrôle psychologique qu'un des parents peut s'approprier sur ce qui, comme il le pense, lui appartient. Mais peut-on faire des enfants pour qu'ils nous appartiennent à vie?

Je vous sens perdu. Mes pensées sont un peu en désordre. Mais c'est aussi pour cela que je viens ici, pour pouvoir organiser tout ça, pour éviter que ça me détruise comme ça a détruit les autres.

La destruction! Oui, c'est un sujet que nous devrions aborder. A votre avis, existe-t-il des personnes fondamentalement mauvaises? Des personnes qui ne pourraient se réaliser qu'en faisant du mal, de façon consciente? Si je vous pose ces questions, c'est parce que j'ai mis beaucoup de temps à pouvoir y répondre et que peut être, inconsciemment ou non, j'attends de vous que vous me prouviez que j'ai tort.

Car de façon trop personnelle, je sais que ces personnes existent. J'en connais malheureusement... Au début, on se voile la face, on trouve des excuses, des raisons qui expliquent ses agissements... On se dit que c'est normal, qu'elle fait ça pour nous protéger... Mais on se trompe car sans le vouloir, nous devenons ses complices.

Elle, c'est ma mère... Enfin, cette personne qui nous a donné la vie, car voyez-vous, je pense que c'est bien la seule chose qu'elle ait été capable de nous donner.

C'est vrai que je suis un peu dur dans mes propos, certains y verront même une certaine forme de violence verbale face à une personne que je devrais respecter, mais comment pourrait-il en être autrement? Je pourrais effectivement lui trouver tout un tas d'excuses, comme d'autres l'ont déjà fait, mais rien ne saura jamais pardonner ce qu'elle a fait, ce qu'elle nous a fait... Que je vous raconte? Mais que voulez-vous savoir? Qu'elle a eu une enfance minable malgré ce qu'elle veut bien en dire! Qu'elle s'est construit des souvenirs heureux afin d'oublier d'où elle vient! Parce que sa vie est un mensonge... Voilà sûrement d'où tout est parti, de ce sentiment qu'elle doit sans doute éprouver de n'être rien ni personne. Car voyez-vous, à peine sortie du ventre de sa mère, on l'a arrachée à ce foyer indigne d'être parents où l'alcool et la violence omniprésents mettait en danger sa propre vie et celles de ses sœurs. C'est pour cela qu'elle a été placée dans une famille qu'elle décrit comme merveilleuse alors que celle-ci ne l'a jamais acceptée. Au final, je pense qu'elle nous a tous fait payer le prix de son inexistence... Pourtant, j'ai quelques souvenirs heureux, une mère attentionnée, protectrice et puis ça vire rapidement au cauchemar.

Sa première victime? Mon père bien sûr. Comment pourrait-il en être autrement?

Tout était prémédité.. Leur rencontre, avec une approche digne des plus grands prédateurs. Une fausse amitié, une main tendue pour mieux étouffer... Car voyez-vous s'il est une qualité que je dois lui reconnaître, c'est cette capacité à savoir manœuvrer habilement au moment le plus propice. C'est comme ça qu'elle l'a eu... Mon père était quelqu'un de naïf, complexé par un corps qu'il n'a jamais accepté. Il avait été malade très jeune et vers l'âge de six ans, il dut subir une lourde opération car ses reins ne fonctionnaient pas correctement. Au final, il a grandit avec une grande cicatrice au bas ventre qui lui déforma le corps. Pour elle, il était la victime idéale, il ne l'a pas vu venir. Je crois qu'ils avaient des amis en commun, amis qui comme tous ceux de ma mère ne sont que de passage dans sa vie s'ils ne lui rapportent pas quelque chose... L'intérêt, voilà aussi un mot qui colle à cette femme, car mon père a ses yeux n'était qu'un géniteur, une banque de sperme sur pied qui travaille, ferme sa gueule et rapporte de l'argent... Comme elle lui a dit avec fierté, « avec ou sans toi, je voulais mes quatre enfants et je les aurais eus!». Ça en dit long sur sa conception de l'amour, n'est ce pas! Le pire c'est que le jour où elle lui a dit, nous étions tous présents et ça nous a fait rire, comme si pour nous il ne représentait rien... Aujourd'hui, je me rends compte du mal que nous avons dû lui faire ce jour-là.

Que s'est-il passé? Un jour, mon père a voulu partir de ses chez parents. À dix-huit ans, c'est quelque chose de normal. Il est donc allé voir ses grands-parents pour savoir s'ils pouvaient le prendre un moment. Comme le disait sa grand-mère quelques années plus tard : « Nous avons refusé car on ne voulait pas en être responsable, s'il avait fait une connerie, c'est sur nous que se serait retombé. Il a des parents pour s'occuper de lui! » Alors, ils lui fermèrent la porte au nez. Elle a senti que le bon moment était arrivé; elle lui a donc proposé de venir s'installer chez elle « en amis »... Elle avait sa chambre et lui le canapé. Un deale honnête à première vue.

Je pense qu'il avait vu en elle la possibilité de vivre véritablement sa vie loin de ses parents, sans avoir à rendre de comptes à personne. Mon père a toujours été quelqu'un de secret, une personne qui parle peu mais avec un univers intérieur immense. Faire confiance pour lui, c'est quelque chose qui se construit, qui prend du temps. Et du temps, elle en avait. Car voyez-vous, sans l'intervention de cette femme, il n'aurait, sans doute, jamais été père car il est homosexuel. Je ne veux pas dire par-là que les homosexuels ne peuvent pas avoir d'enfants ou même, que se sont de mauvais parents. Bien au contraire, je pense que de par leurs vécus, ils sont plus protecteurs et plus à l'écoute car la souffrance, ils la connaissent. Dans ce cas, c'est juste qu'il n'a connu qu'une seule et unique femme et c'est elle! Quoi de mieux pour réaliser son plan tordu que d'avoir sa victime sous le même toit, juste à portée de main. Si vous saviez comme j'en veux à mon père de ne pas avoir été plus méfiant, de ne pas lui avoir tenu tête, de s'être laissé faire! Pourquoi ne pas lui avoir dit « non » le soir où tout gentiment elle lui a proposé de partager le même lit puisque le sien n'était pas fait? Pourquoi ne pas l'avoir repoussé lorsqu'il l'a senti contre son corps? Elle a profité de lui, de son inexpérience, de sa faille... Cette nuit-là, il a tout perdu, victime de son bourreau. Quelque part, quand on y pense, l'homme s'est fait violer... Elle a tout simplement agit comme tout pédophile le fait! Car quelle femme ferait cela en connaissance de cause? Puisqu'elle savait... Elle savait déjà à cette époque que les femmes ne l'intéressaient pas. Mais il était trop tard pour lui. Il était fait comme un rat. A-t-il été lâche au point de ne pas s'enfuir? Me donnera-t-il un jour cette réponse? Et en même temps, ne l'ai-je pas déjà?

D'après ma grande sœur **M**arie, notre père aurait tenté de se séparer de cette femme avant nos naissances, mais sans succès.

À l'époque, nos parents vivaient à Tournon-sur-Rhône, une ville juste à côté de là où nous sommes actuellement, mon père, ne supportant déjà plus cette situation, aurait pris la décision de partir et d'aller s'installer pour un temps chez sa grand-mère. Une femme très gentille mais qui malheureusement n'a jamais vu plus loin que le bout de son nez ; vous savez, elle faisait parti de cette catégorie de personne qui pense que « on » a tout pouvoir sur nos vies, qu'une bonne réputation, c'est ce qu'il y a de plus important. Jusqu'à sa mort, elle a reproché à notre père ce qu'il était...

Donc, notre mère, ne supportant pas l'idée de voir ses efforts réduit à néant par ce départ prématuré, a su faire preuve une fois encore d'habileté dans la manœuvre. Elle a subtilement joué avec les sentiments de notre arrière-grand-mère en inventant une grossesse surprise.

Que voulez-vous, l'être humain dispose de tellement de faiblesses! Et comme la Femme rêve d'être mère, quoi de plus beau pour un Homme que de devenir père, d'autant plus que dans ce cas, il savait que du fait de sa sexualité, il n'aurait peut être jamais eu d'enfants.

Ah, sacré société qui nous prédispose à la bêtise! Pourquoi devrions nous forcément répondre à la norme afin de systématiquement rentrer dans une case qui nous empêche toute fantaisie?

Car la fausse couche ne s'est pas fait attendre bien sûr, et là, il était beaucoup trop tard pour faire marche arrière car elle avait bien compris ce qui pourrait le retenir à chaque tentative d'évasion...

Alors, quelques temps après son traumatisme imaginaire, elle donna naissance à ma sœur, le premier trésor aux yeux de mon père qui trouvait alors un nouveau sens à sa vie.

D'ailleurs, de nous quatre, c'est elle qui lui ressemble le plus... Vous savez, encore aujourd'hui, lorsque je la regarde, c'est lui que je recherche au fond de ses yeux.

S'il a tenu aussi longtemps, c'est bien qu'il devait nous aimer un peu...

Car durant quatorze longues années, il est resté avec elle. Quatorze années jalonnées par nos naissances... Mais nous étions trop petits à l'époque pour en avoir conscience. L'enfance est un monde merveilleux où tout est beau dès l'instant qu'on se sent protégé.

Seulement voilà, notre père n'était pas un surhomme... Il a bien tenu le plus possible, mais la chute était proche. Inéluctable! Car l'engrenage imaginé par ma mère continuait à faire son œuvre. Maintenant que tous ces événements sont passés, les langues se délient ; et je m'aperçois de la logique des choses, la grossesse qui entraîne forcément vers le mariage, et ensuite la maison... Seul héritage paternel! Héritage qui de nos jours ne ressemble plus qu'à une ruine. Comme si elle avait voulu malgré son absence continuer à le détruire...

Qu'est ce qui a été le déclencheur de cette chute? Je crois que c'est un ensemble de choses, peut être au début, la perte de son restaurant, seule échappatoire à l'époque. Faut dire que la vie avec elle peut devenir très vite pesante. Au moins, lorsqu'il allait au travail, il ne l'avait pas sur le dos... C'est drôle comme avec le temps, les secrets se révèlent au grand jour, car voyez-vous, nous avons appris des années après, qu'elle le suivait afin de toujours savoir où il était et avec qui il était. Même lorsqu'il se croyait libre, il ne l'était pas. Et puis, il a dû fermer son restaurant, il s'est retrouvé alors de nouveau piégé... Comme elle lui a dit: « Puisque tu ne travailles plus, c'est bien, tu vas pouvoir rester à la maison pour t'occuper des enfants! ». Fini la liberté! Quand on pense qu'elle a eu le culot quelques années plus tard de dire qu'il ne s'était jamais occupé « de prés ou de loin » de notre éducation! Je crois que c'est à ce moment qu'il a commencé à sombrer. Il ne mangeait plus avec nous le soir, il passait son temps devant l'écran de son ordinateur dés qu'elle revenait à la maison. Et puis souvent, vers 22h, il partait... Et puis, il y eut le suicide d'un membre de la famille, traumatisme vécu par tous mais avec une résonance toute particulière pour notre père qui, secrètement, imaginait le sien. Je pense que cela l'a mis face à ce désir qui nous traverse tous un jour l'esprit, face à cette peur aussi que nous avons de mourir. Son cousin avait dix-sept ans... Personne n'avait senti son mal être. Personne n'aurait pu prévoir qu'un jour, il pointerait une arme sur sa tempe et qu'il presserait la détente... Une partie de mon père est morte avec lui ce jour-là.

Quelque temps après, alors qu'il était comme à son habitude sorti faire un tour, au beau milieu de la nuit le téléphone sonna. Notre père venait de se faire agresser.

Comme si tout cela ne suffisait pas, il avait fallu une nouvelle fois qu'il soit victime... Il se trouvait au mauvais endroit, au mauvais moment. Roué de coups, menacé par une serpette, hospitalisé avec la mâchoire cassée, il fut encore rabaissé par un article de journal le décrivant comme un homosexuel qui était limite responsable de ce qui s'était passé...

C'est cette accumulation d'événements qui lui a sans doute fait prendre conscience qu'il passait de plus en plus à côté de lui-même... C'est à ce moment qu'il a décidé de partir, qu'il a voulu briser ses chaînes... Mais comment se libérer de quatorze ans de dépendance sans dommages? Il était déjà au fond et nous ne le savions même pas. La seule qui le savait, était cette même personne qui lui avait passé la corde au cou et qui de façon sadique le regardait agoniser comme un enfant regarde l'insecte mourir sous ses yeux... Ma mère est un monstre, une mante religieuse, une sorte de vampire moderne qui ne se nourrir pas de sang mais de la vie de ses victimes, elle les dessèche et s'en débarrasse lorsque leur cœur est vide.

Un jour, nous l'avons juste vu partir, sans comprendre vraiment les conséquences de ce départ. Maman disait qu'il reviendrait, qu'il avait besoin de se soigner. Mais elle mentait une fois encore! Elle qui avait tout fait pour que les choses se passent ainsi. Car on ne peut pas piétiner les gens sans que cela ne laisse des traces. Après deux mois passé dans un hôpital psychiatrique, deux mois à se demander s'il devait revenir, partir ou mourir; loin d'elle, il a pu prendre la décision qui allait bouleverser nos vies... Pour lui, retourner dans cette maison n'était pas concevable. Lui qui ne dormait plus depuis des années, lui qui fuyait dés que possible l'antre du dragon... avait-il peur de cette femme? Je pense que c'est le cas, il est devenu si silencieux après elle. Personne ne saura jamais, je crois, ce qu'il a enduré. Personne ne peut savoir à quel point cette femme est capable de tout pour arriver à ses fins. Combien de fois l'ai-je vu proférer des menaces autour d'elle pour être sûr d'être craint !

Un beau jour, il est revenu, il nous a tous réuni dans la salle à manger et nous a dits «

froidement » autour de la table qu'il partait... définitivement...

La rupture fut brutale, nous avons vécu cela comme une sorte d'abandon, sans pouvoir comprendre à l'époque que c'était pour lui que les choses étaient les plus dures, car il savait qu'il allait devoir alors s'opposer à cette femme qui l'avait étouffé pendant trop d'années. C'est à ce moment très précis que le jeu de massacre a véritablement débuté... Comme si, non contente de l'avoir fait souffrir depuis si longtemps, elle avait subitement décidé de se débarrasser de lui, comme on jette un objet qui nous encombre et qui ne nous est plus d'aucune utilité... C'est sûr, un divorce, c'est jamais simple, mais là, c'était plus que ça, avec le recul, je m'aperçois que c'était tout simplement une mise à mort!

Nous sommes ce jour-là devenus les otages de cette mère abusive qui n'avait pour seul désir que nous lui appartenions corps et âmes... Je vois bien que vous doutez de ce que je dis, mais malheureusement, je n'invente rien. J'aimerais vous dire que cette histoire n'est que le fruit d'un esprit délirant, mais non, tout est vrai... Et tous, les uns après les autres, nous allions subir le même sort que notre père.

Pourtant, Dieu sait qu'il a tenté de nous protéger mais que pouvait-il face à elle. Elle qui savait si bien manipuler et faire croire aux mensonges.

Vous savez, avant même qu'il ne soit revenu pour nous annoncer son départ, elle avait commencé à vider les comptes. Comme quoi, elle savait déjà ce qui allait se passer. Elle est ensuite allée voir tous les amis de notre père et chacun d'eux lui a offert une attestation qui l'accusait afin qu'il perde ce divorce. Motif du divorce: « Madame entend demander le prononcer du divorce aux torts et griefs exclusifs de Monsieur aux motifs que ce dernier se serait désintéressé de ses enfants et de son épouse jusqu'à faire le choix d'une sexualité différente » . Et un juge a signé cela! De quel choix parlons-nous? Choisissons-nous véritablement notre sexualité? Dans cette histoire, le seul choix qu'il est eu c'est celui de rester pour nous et voilà que ce même choix se retourne contre lui... Comment voulez-vous ensuite faire confiance à la justice? Elle qui devrait être impartiale, qui devrait faire preuve de réflexion et d'intelligence... Ensuite, Madame a fait le partage des biens ; en fait, pour seul partage il n'y avait qu'une longue liste où tout était réparti entre les enfants et elle. Il perdait absolument tout... Il avait voulu sortir du cercle et la porte venait de lui claquer violemment au nez.

Si vous saviez comme je regrette, comme j'aimerais me libérer de cette culpabilité qui m'habite... Je sais que j'étais trop jeune, mais ni moi ni mon frère ni même mes sœurs n'avons rien fait pour le défendre, nous l'avons, sous la pression, jugés et condamnés à notre tour. Nous qui étions sa seule fierté, nous l'avons lâchement abandonné.

Papa, si tu savais comme tu me manques...

Au début, il est retourné vivre chez nos grands-parents, nous allions le voir régulièrement, jusqu'au jour où elle a décidé que ça ne pouvait pas durer ainsi... Les choses se passant trop bien, vous comprenez, elle perdait le contrôle et par la même occasion, elle sentait qu'elle nous perdait aussi. Insupportable pour elle, elle qui ne voyait en nous que des choses lui appartenant...

« Les enfants, ça rapporte plus que les lapins! » Disait-elle.

C'est à ce moment là qu'elle eut une idée remarquable; Elle lui imposa pour pouvoir continuer à nous voir de se trouver un appartement car elle ne voulait pas que nous ayons de contact avec notre grand-mère qui, selon elle, était néfaste pour nous... Néfaste, dans son langage, ça veut juste dire qu'elle ne nous cachait pas la vérité... C'est vrai que notre grand-mère, par moment, pouvait être crue dans ses propos. Mais pouvons-nous lui en vouloir? Elle qui avait vécu la descente aux Enfers de son fils, qui ne pouvait que le regarder sans avoir la possibilité d'agir car elle avait été écartée du jeu depuis déjà longtemps puisque trop dangereuse. Pouvions-nous imaginer la détresse d'une femme qui, étant bénévole dans une association de lutte contre la maltraitance des enfants, demeurait impuissante face à cette situation?

Mon père s'exécuta et emménagea dans un appartement aussi petit qu'un « mouchoir de poche »... Mais elle, elle était satisfaite car tout de nouveau était sous son contrôle.

C'était un rapport de rivalité perpétuelle, elle ne voulait en aucun cas se sentir inférieure à lui, elle voulait être supérieure en tout point. Alors que papa s'en foutait, il voulait juste être libre, nous voir et vivre!

Elle avait pris l'habitude de nous faire des cadeaux à chaque retour de week-end. Si bien que les temps avec notre père perdaient de leur sens car en fait la seule chose qui nous intéressait, c'était de rentrer au plus vite pour avoir le plaisir de trouver sur nos lits, nos cadeaux! Nous prenait-elle pour ses chiens-chiens auxquels on donne un sucre lorsqu'ils ont été sages ?

C'est sûr qu'avec le recul, je suis capable d'expliquer cela, elle voulait être sûre que nous reviendrions, être sûr que c'était elle et personne d'autre que nous aimions, comme si on pouvait acheter l'amour et elle préférait le savoir dans ce petit studio où la vie à cinq ressemblait plus à du camping qu'à autre chose... Ça lui permettait de pouvoir le rabaisser car elle, elle avait la maison; C'est sûr, il en est encore propriétaire mais ça c'est le détail qu'elle oubliait de préciser. Pour elle la seule chose qui comptait, c'était de pouvoir dire: « vous voyez, il n'est même pas capable de trouver un lieu assez grand pour accueillir ses enfants! «. Une nouvelle fois, il était comme pris au piège. Je me souviens de cet appartement, petit, froid, vide... Mais nous, ça ne nous dérangeait pas, l'essentiel n'était pas là.

Cependant, le pire n'était pas encore arrivé...

Le pire allait se produire le jour où elle allait perdre tout contrôle. Le jour où mon père allait rencontrer quelqu'un et refaire sa vie avec! Car temps qu'il était célibataire, elle gardait ce fameux contrôle qui la rendait toute puissante. Ils ne vivaient plus ensemble, mais elle continuait à dicter sa loi, c'est elle qui lui disait quoi faire avec nous, et s'il ne lui obéissait pas, le téléphone sonnait en quelques minutes et les mots fusaient en tout sens pour bien rappeler qui était le Maître. L'Autre n'était pas concevable. Il n'avait pas sa place dans cette mécanique bien huilée...

Ma grande sœur l'avait bien senti, papa était différent depuis quelques temps... Son petit appartement si vide à l'origine, commençait à se remplir d'une autre présence, de nouveaux objets venaient progressivement peupler cet univers blanc et froid. Elle s'amusait beaucoup de la situation, elle lui posait des tas questions auxquelles il répondait de façon évasive. Elle le taquinait...

Elle a toujours était plus proche de lui que nous tous. Elle est peut être la seule encore aujourd'hui à garder le secret de son existence.

Et puis un jour, il nous le présenta.

C'était bizarre comme situation. Nous savions que papa aimait les hommes, il nous en avait parlé, il nous avait expliqué les choses, nous avions même déjà rencontré certains de ses amis, mais cette fois-ci, c'était différent, papa était amoureux et en plus heureux! Cela faisait si longtemps que nous ne l'avions pas vu ainsi, à l'aise, souriant, comme s'il avait enfin pu trouver un équilibre après tant d'errance. Là où c'était bien, c'est que cet Autre ne nous a pas rejetés, il nous a accueillis comme si nous étions ses enfants, sans différences. La vie avec eux devenait plus simple. On voyait papa plus souvent. Ils nous prenaient en vacances. Il passait plus de temps avec nous... Nous commencions à savoir ce qu'était véritablement le bonheur. Et ça, elle ne l'a pas supporté. Voir les autres heureux alors qu'elle ne l'avait jamais été, c'était comme si on lui avait jeté de l'acide au visage... Je me souviens d'un Noël en particulier, le premier vrai Noël dans cet appartement. Comme c'était drôle! Ils avaient acheté un petit sapin à la taille du studio, avec une crèche réduite au strict minimum. Des guirlandes décoraient les murs, des pères Noël avaient fleuri un peu partout et semblaient danser dans la lumière des bougies qui amenaient beaucoup de chaleur dans ce lieu d'ordinaire si froid. Ils nous avaient préparé un bon repas et notre père avait passé la journée à confectionner un magnifique gâteau. Je me souviens de notre joie au moment où nous avons découvert tous les paquets au pied du minuscule sapin de plastique... Papa avait mis des matelas parterre pour que mes sœurs aient chacune leur lit. Ça prenait toute la place. Qu'est ce qu'on s'est amusé cette nuit là! Ma grande sœur en parle encore avec beaucoup d'émotion. Faut dire aussi que c'est le dernier Noël que nous allions passer tous ensemble avec lui... J'avais huit ans...

C'est à ce moment là, très précisément, qu'elle a changé avec nous, qu'elle a commencé à devenir encore plus dure... L'ami de papa étant devenu un obstacle puisqu'elle n'avait pas réussi à le faire passer de son côté...

Avant, elle se contentait juste de fermer les portes à clefs pour nous empêcher d'accéder à certains objets, elle nous avait enlevé toutes photos où il y avait notre père. Elle pleurait même. Et puis un jour, nous sommes rentrés de week-end avec une cassette vidéo des endroits où nous étions allés avec papa et son ami, mon frère adorait cette cassette. Mais elle la lui a confisqué et l'a enfermé dans une armoire pour qu'il ne la regarde plus... elle en était même arrivée à partir avec le téléphone pour être sûr que nous ne l'appellerions pas... Même la nourriture était défendue! Déjà qu'avant ce n'était pas génial, là c'était l'Enfer... Si mon père avait le malheur de passer nous voir, il recevait dans les jours qui suivaient un courrier lui demandant de prévenir au moins une heure à l'avance s'il désirait voir ses enfants. Elle ne savait plus quoi inventer pour lui mettre des bâtons dans les roues et l'empêcher de nous voir... C'est à ce moment là qu'elle a commencé à raconter à qui voulait l'entendre qu'il battait **M**arie lorsqu'elle était petite. La force du désespoir peut nous faire dire n'importe quoi... Le plus triste, c'est qu'elle avait réussi à convaincre ma sœur que cela était vrai à un tel point que celle ci était persuadée de se souvenir de ce qui s'était passé. Pourquoi était-elle obligée de toujours devoir mentir à ce point? Cette histoire a duré pendant deux ans. Deux années durant lesquelles ma sœur a refusé de voir notre « pédé » de père comme elle le disait... Elle croyait dur comme fer qu'il avait pu être violent avec elle. Jusqu'au jour où elle eut une grande conversation avec l'ami de papa. Celui-ci lui parla à peu prés en ces termes:

- « Est-ce que tu es sûr de ce que tu avances? » Lui demanda-t-il.

- « Oui, répondit-elle, j'ai même des témoins! »

- « Tu as des témoins? »

- « Oui, maman a tout vu et même certains de ses amis, ils étaient là quand il me battait. » Elle lui répondait avec arrogance comme pour mieux se protéger.

- « Et personne n'a rien dit? » Demanda-t-il.

- « non, maman ne voulait pas en rajouter... »

- « C'est stupide comme excuse, c'est de la non-assistance à personne en danger, il le regardait faire et sans rien dire! Si tu es sûre de toi, alors, viens! Je t'accompagne moi-même au commissariat, car une personne violente le reste toute sa vie et si ce que tu avances, est vrai, alors, du jour au lendemain, je peux devenir victime de cet homme... » rétorqua-t-il.

À ce moment là, il avait jeté le doute en elle, et le beau mensonge redevenait poussière. Elle arrêta d'en parler. Mais la rancœur qu'elle avait déjà contre sa mère, devenait plus forte.

Cette rancœur, nous l'avons tous eu à un moment ou un autre de notre existence... La mienne s'est renforcé lorsque je me suis aperçu des ravages de ses agissements sur ma vie amoureuse. Peut être devrais-je plus parler de mon absence de vie amoureuse. Car parfois, il y a des événements qui ne refont surface que bien plus tard, lorsque bien souvent il est trop tard d'ailleurs, une fois que le mal est fait...

Ce qui s'est passé, est arrivé lorsque j'avais quatre ans, c'est pour cela que ça a mis très longtemps à refaire surface.

Cela s'est passé quelques temps avant que papa ne parte de la maison, ce jour là, il était au travail comme tous les jours, notre mère était de repos et comme à son habitude, elle nous avait laissé mon frère et moi seuls à la maison sous la surveillance de ma sœur **Gaëlle**. Elle avait à l'époque dix ans et mon frère, six.

Fallait-il être inconscient pour laisser une enfant s'occuper de nous! Ce jour là, ma sœur avait invité une de ses amies à venir jouer avec elle. Mais leurs jeux étaient bien étranges pour nous. Au bout d'un moment nous sommes devenus leurs jouets. Elles nous ont accompagnés dans notre chambre et nous ont demandés de nous mettre sur le lit. Dans nos têtes, on pensait que de nouveau elles jouaient au papa et à la maman, que c'était l'heure de dormir, qu'il fallait faire semblant... Mais bien vite, elles ont commencé à nous faire faire des choses, on devait se caresser par-dessus nos vêtements, puis rapidement, on a dû les enlever. Elles nous regardaient. On ne connaissait pas ce jeu.. Une fois nus sur le lit, elles nous ont demandés de continuer à nous toucher, elles regardaient, et je devais embrasser le corps de mon frère, jusqu'au moment où elles m'ont demandé de descendre plus bas et plus bas encore... Plus je descendais, et plus la demande se faisait précise. J'avais quatre ans, comment vouliez-vous que je réagisse!

Le soir venu, la seule chose que j'ai était capable de dire, avec un ton presque ironique, c'était que le zizi de Tommy n'avait pas bon goût...

Un signalement fut fait à l'époque, mais nous en étions les grands oubliés... Mon frère et moi n'avons vu un psychologue qu'une fois ou deux. Notre mère trouvant que cela suffisait puisque le problème venait juste de la copine de ma sœur. Mais pourtant, Gaëlle était bien présente aux côtés de son amie et elle regardait tout autant. Et ma mère? Où était-elle? N'était-elle pas la première responsable?

Progressivement, depuis l'arrivée de l'ami de notre père, nous trouvions une oreille attentive. Quelqu'un qui enfin prenait le temps d'écouter ce que nous avions à dire. Quelqu'un qui n'était pas sous l'emprise de notre mère.

Et c'est alors que les événements ont commencé à s'accélérer. L'ami de papa, pensant bien faire, fit un signalement à la direction de l'enfance. Nous lui avions fait des confidences sur ce qui se passait chez notre mère et quelle attitude elle avait avec nous. Avec le recul, je sais qu'il a juste voulu nous protéger et que c'est un devoir que nous avons tous de prévenir les autorités compétentes en cas de doute. Seulement, ce n'est pas comme cela qu'elle nous a présenté les choses. Car voyez-vous, fait étrange, elle avait réussi à se procurer un double du signalement qu'elle nous a lu... Mais ce fut comme pour tout, elle ne nous a lus que ce qui pouvait l'arranger et donc, nous ne pouvions avoir qu'une vision partielle du texte; le reste étant laissait à notre libre interprétation... Puis un second signalement fut fait par la présidente de l'association dont notre grand-mère faisait partie, signalement qui fut très vite écarté car vous comprenez, il fut très facile à ma mère de jouer sur le fait que la présidente ne pouvait pas être objective dans cette affaire et qu'elle avait sûrement dû recevoir des pressions de notre grand-mère... Alors, notre père pris l'initiative d'en faire un troisième au procureur de la République, mais celui-ci resta sans réponse. Les services sociaux en charge du dossier ne faisaient qu'accabler notre père, ils restaient sourd à tout ce qu'il pouvait leur dire et avancer comme arguments. Pour eux, il était clair que notre père nous « instrumentalisés ». Madame **B**, éducatrice au centre médico-social de la ville de Tournon, étant tellement persuadée que notre mère était de bonne foi, ne se rendait pas compte que c'était elle-même qui nous instrumentalisait, elle nous disait quoi dire et quoi faire, nous étions devenus chacun espion des autres et la pression était telle que nous n'étions pas libres de pouvoir nous exprimer. Notre père avait fait la demande que nous soyons entendu tous séparément pour éviter justement cette pression de l'autre. Mais cette charmante Madame **B** préféra écouter notre mère qui lui servait à toutes les sauces: « Vous ne pouvez pas séparer une fratrie!! ». Je pense que cette femme est tout autant responsable du reste des événements que ma mère elle-même. Avait-t-elle au moins une petite idée de ce qu'est une fratrie? Par de là le simple lien familial, la fratrie inclus de l'affectif. Et si cette personne n'était pas devenue stupide au point d'avaler les couleuvres de plus en plus grosses que ma mère lui servait à chaque repas, elle aurait très vite constaté que le lien qui nous unissait n'est en rien un lien affectif.

Que voulez-vous notre société est ce qu'elle est, mais surtout, elle est aveugle.

Nous étions tous en bloc face à Madame **B** pour affirmer que notre mère était « la meilleure personne au monde » et que notre père ne voulait qu'une seule chose, lui nuire. À chaque fois qu'un de nous essayé de dire le contraire, de faire quelque chose pour lui faire comprendre que nous étions obligés de dire telle ou telle chose, notre mère sortait son joker, celui qui lui était utile pour nous décrédibiliser rapidement aux yeux des autres, la carte « crise d'adolescence »! Jusqu'au moment où n'ayant plus d'arguments et voyant que les événements ne prenaient pas la direction qu'elle souhaitait, elle se dit qu'il fallait taper plus fort. Tommy a eu durant de longues années des petits soucis d'ordre intime. Plus précisément, il tâchait régulièrement ses culottes, peut être juste parce qu'il ne prenait pas le temps de s'essuyer? Il n'en fallut pas plus à notre charmante mère pour inventer une belle explication qui accusait forcément notre père!

Parlez d'homosexualité et de suite, on vous balance le mot « pédophile », c'est facile de juger, de croire une pauvre femme qui est prête à tout pour détruire jusqu'à ses propres enfants. On diabolise un père, on crée une psychose sans prendre le soin de vérifier si les accusassions sont fondées.

Et pourquoi?

Juste parce que nous étions nous même complices de cela, mais comprenez-nous, nous vivions avec elle! Nous étions sous son emprise perpétuelle, sans aucune échappatoire... Car notre père n'était en rien responsable du fait que mon frère se faisait dessus. Par contre, nous avons contribué au fait que cela ne s'arrangeait pas. Savez-vous quel est l'un des meilleurs moyens d'avoir le contrôle sur quelqu'un? Tout simplement en ne le laissant pas libre, en guettant le moindre de ses faits et gestes et surtout, dés que possible, de l'humilier, le rabaisser, se moquer de lui... Voilà, c'est ce que nous faisions à notre propre frère! Où se trouve la fratrie ici? Tommy avait de plus en plus honte de lui... Nous le traitions sans cesse de bébé. Au point qu'il préférait ne pas se changer de la journée afin d'éviter que nous nous en apercevions. Et quand le soir venu il devait se mettre en pyjama, il allait discrètement cacher ses sous-vêtements souillés. Le pire, c'est que plus le temps passait plus nous étions de plus en plus dans la surveillance des autres afin de s'attirer le plus d'attention de la part de notre mère. Encore une fois, l'image du chien-chien me revient, plus je vous en parle et plus je m'aperçois de ce que nous étions pour elle.

Mais malgré cela, malgré les coups durs et tout ce que nous pouvions dire sur lui, notre père était là, présent, à chaque fois que nous en avions besoin. Peut être que la seule chose que nous attendions, c'est qu'il nous arrache à elle, qu'il nous garde avec lui! Mais à chaque fois qu'il en a fait la demande, elle s'empressait d'aller voir le juge et, avec force larme, elle arrivait à le convaincre qu'un homosexuel n'est pas un père!

Ma seconde sœur a bien tenté de partir, de faire une demande pour aller vivre avec lui.

Au départ, notre père ne lui a pas dit oui de suite, il lui demanda d'y réfléchir un bon mois, et ensuite, après avoir pesé le pour et le contre, alors, à ce moment, ils feraient la demande. Pour elle c'était déjà tout réfléchi, elle se voyait déjà emménager dans sa nouvelle chambre. Elle en avait même déjà commencé les plans avec notre grand-père. Il ne lui restait plus qu'à écrire son courrier au juge afin que sa demande soit bien prise en compte. À quatorze ans, elle avait la possibilité de choisir...

« Monsieur le juge aux affaires familiales,

Je vous écris pour vous faire part d'une demande suite au divorce de mes parents.

Je m'appelle **G**aëlle, j'ai bientôt quatorze ans et je voudrais aller vivre chez mon papa.

Chez mon papa, j'ai la possibilité, l'envie de travailler pour réussir mes études. On discute librement, je peux proposer mes idées et parler de mon avenir et de mes problèmes.

Chez maman, je ne peux pas discuter, je ne peux pas parler de mon avenir. Je n'ai aucune intimité, c'est elle qui décide pour moi, je ne me sens pas bien, je n'ai que des reproches.

J'ai longuement réfléchi et j'espère que vous prendrez ma demande en considération. »

Mais elle a dû plier sous le poids de la pression que nous lui avons mise! Chacun à notre tour nous lui en mettions une couche, et c'est surtout Marie qui revenait le plus souvent à la charge, faut dire qu'elle en avait gros sur le cœur puisque je vous rappelle qu'encore à cette époque, elle pensait que notre père la battait étant petite. Alors, le simple fait d'imaginer que Gaëlle puisse aller vivre avec lui était insupportable. Notre mère lui a donc fait écrire un courrier au juge pour retourner la situation contre notre père, prétextant une vile tentative de sa part pour la mettre à la porte de la maison.

« Monsieur le juge aux affaires familiales,

Je vous adresse ce courrier pour vous faire part de mon changement d'avis.

Je voudrais vous faire part des raisons pour lesquelles j'ai changé d'avis. Je me suis rendue compte que l'on se servait de moi. Je tiens à vous informer de quelques éléments qui m'ont fait changer d'avis.

Tout d'abord, étant donné que le petit ami de mon père a fait un signalement au conseil général et qu'il y a mis parmi tant d'autres choses que ma sœur n'était plus scolarisée. Bien sûr, je tiens quand même à vous informer que ma sœur est toujours scolarisée.

En faisant la démarche de vouloir aller vivre chez mon père, c'est comme si je foutais moi-même ma propre famille dehors car c'est l'objectif final que mon père et son petit ami et même je pense, ma grand-mère se sont fixés. Je pense que mon père ne veut qu'une seule chose, son argent et il sait très bien que pour l'avoir, il faudra soit attendre que ma mère ait fini de payer la maison soit pour lui, il faut qu'elle la vende. Donc, en clair, on serait, vu les revenus de ma mère, obligés de vivre dans un appartement aussi petit qu'un mouchoir de poche. »

Mais quel rapport pouvait-il y avoir entre le désir de ma sœur et la maison?

Imaginez le malaise lorsque le week-end suivant, elle dut aller chez notre père avec cette lettre dans ses affaires, lui annoncer que, finalement, elle ne voulait plus venir chez lui alors que la demande était partie au tribunal. Imaginez leurs têtes lorsqu'ils eurent la fameuse lettre entre les mains. Je n'avais jamais vu l'ami de papa dans un tel état d'énervement! Pour lui, c'était tout simplement honteux... Mais le mal, une nouvelle fois, était fait. Alors ils lui dirent juste qu'elle ne pouvait pas envoyer une lettre pareille et ils lui demandèrent d'en écrire une autre plus simple, car le pourquoi n'avait plus d'importance. Mais la culpabilité de Gaëlle était si forte qu'elle en est devenue complètement incontrôlable, elle a commencé par voler dans les magasins, régulièrement on allait la chercher au poste de police. Notre père se faisait beaucoup de soucis pour elle... Il en parla aux éducatrices en charge du dossier mais très vite, maman remit cela sur le dos de la « crise d'adolescence ». Ma sœur en était même arrivée à se mutiler les avants bras avec un cutter. Mais personne à part mon père et son ami ne semblait y prêter plus d'attention.

À dix-sept ans, déjà adepte de drogues diverses et sous l'emprise de l'alcool, elle multipliait les partenaires sexuels sans aucunes précautions. Notre mère sauvait les apparences comme à son habitude mais Gaëlle allait de plus en plus mal. Sans nouvelles de son père depuis quelques années déjà, seule face à ce mur d'indifférence maternelle, elle a préféré en finir! À grand renfort d'alcool et de médicaments, elle s'est endormie pour toujours. Elle allait avoir dix-huit ans et notre père ne doit même pas le savoir... L'adolescence est déjà une période compliquée alors pourquoi la rendre encore plus dure? Je sais à présent que nous l'avons suicidé! Nous sommes responsables... Comme nous sommes responsables de tout ce qui est arrivé juste parce que nous n'avons rien fait pour arrêter cette femme. À chaque fois que quelqu'un nous tentait la main, nous refusions cette aide et nous laissions notre mère prendre les décisions pour nous. C'était plus simple et cela nous évitait bien des ennuies. Nous sommes allés jusqu'à attester que notre père était un homme violent, qu'il l'avait frappé sous nos yeux alors qu'aucun de nous n'était présent à ce moment là! Quels enfants sont capables de faire cela?

Ce jour-là, notre père était venu avec l'accord de notre mère récupérer des affaires de notre grande sœur Marie que maman avait « gentiment » mise à la porte quelques mois auparavant. Situation qui avait mis Marie dans une drôle de position car elle se retrouvait obligée d'aller chez une personne sur qui elle avait cassé du sucre à tour de bras et qu'elle ne voyait plus depuis deux ans.

Papa est arrivé à l'heure convenu accompagné de son ami et de ma sœur, mais les choses ont vite dégénérées, elle est rapidement montée sur ses grands chevaux, mon père venait de tomber dans le dernier piège tendu, car juste avant qu'ils n'arrivent, elle nous avait dits de nous habiller correctement, elle a même rapidement fait du ménage dans la pièce principale pour donner cette impression de bien-être qui n'existait pas. Nous avions « ordre » de tout bien observer, d'écouter et surtout de vite aller nous cacher le moment venu. Elle savait exactement quoi faire et quoi dire pour que notre père s'énerve. Je pense que sans l'intervention de l'ami de papa qui a su s'interposer entre elle et lui, les choses auraient véritablement mal tourné. Tout est allé très vite, ils sont repartis aussi vite qu'ils sont arrivés, sans les affaires de Marie. Le soir même, notre mère nous emmenait aux urgences où nous allions passer une bonne partie de la nuit. En pleurs, visiblement choquée, elle a fait son numéro devant les médecins qui dans un moment pareil auraient pu attester de n'importe quoi tant elle était crédible... Ensuite elle est allée porter plainte pour « coups et blessures volontaires » et nous avons plié... Nous avons cédé au mensonge, car nous savions que notre mère avait inventé cette histoire. Au retour, elle avait vite retiré cette minerve qui l'encombrait...

C'est cet événement qui marqua la fin de l'histoire avec notre père. C'est le dernier coup de poignard que nous lui avons porté.

Le lendemain, le commissariat prenait contact avec notre père qui resta sans voix. Il fut entendu et on leur proposa une médiation pénale. Que pouvait-il faire d'autre que d'accepter? Le jour de la convocation, il se présenta au tribunal face à ce médiateur qui se prenait pour un juge. Mais elle ne s'y présenta pas, elle estimait qu'elle n'avait pas à se déplacer... Alors il faudra un jour que l'on m'explique comment l'on peut faire de la médiation avec juste une personne; car il me semble que le rôle du médiateur est de faire le lien entre deux!

Le pire, c'est qu'il a dû reconnaître des faits qui ne se sont pas produits et au comble de l'humiliation, il a dû lui écrire une lettre d'excuses. Car voyez-vous, comme le médiateur le lui a dit :

« Vous avez deux possibilités, soit vous ne reconnaissez pas les faits auquel cas vous allez avoir un casier judiciaire, soit vous reconnaissez qu'il y a bien eu acte violent, vous écrivez une lettre afin de présenter des excuses et madame retire sa plainte. »

Vous parlez d'un choix!! Il a juste fait comme tout le monde, des deux maux il a choisi le moindre. Mais la plainte n'a jamais été retirée...

Pourtant, par moment, on avait des petits espoirs qui se dessinaient... La notion de danger fut plusieurs fois abordée par les services sociaux et le tribunal. On se disait que peut être enfin quelqu'un allait avoir un éclair de lucidité et qu'enfin, ils allaient voir comment elle était vraiment. Mais rien, jamais... Nos joies étaient de courte durée car systématiquement, au final, c'était

toujours notre père le responsable, le
« méchant »...

Si bien qu'à la fin, après une enquête
sociale qui pourtant semblait remettre les
choses dans le bon ordre, le juge nous dit
qu'il ne pouvait plus rien faire. La seule
solution proposée était que notre père
puisse avoir la possibilité de nous voir une
fois de temps en temps, en milieu protégé
avec présence d'une tierce personne.
L'incompréhension était plus présente que
jamais. De quel crime était-il coupable pour
mériter cela?

Je crois que la coupe fut pleine le jour où
Marie prit un appartement situé au rez-de-
chaussée de l'immeuble de papa. Notre
mère recommença à imposer sa volonté,
notre sœur n'avait pas le droit de nous voir
seuls car maman ne voulait pas que nous en
profitions pour monter voir notre père. Et
les rares fois où nous allions voir Marie,
elle était toujours avec nous afin de nous
empêcher toute évasion. Ce fut la dernière
torture psychologique qu'elle infligea à
notre père. Cette situation nous mettant tous
dans une position plus qu'inconfortable, il

décida de tout arrêter. Ils sont partis; ils ont déménagé dans un autre département... Ailleurs, une autre vie, sans nous et surtout loin de cette femme qui avait tout détruit. Elle avait fini par gagner.

Marie, déjà éprouvée par toute cette histoire, finit de sombrer et décida, elle-aussi, de baisser les bras. Elle commença par se mettre en arrêt maladie et quelques mois plus tard démissionna... Au chômage, sans revenus, complètement livrée à elle-même, elle venait de rentrer dans une spirale infernale qui l'entraînait inéluctablement vers le fond. Son appartement au début si propre et si agréable se transforma petit à petit en une sorte de squat. Elle se mit à fréquenter des personnes qui ne pouvaient que l'enfoncer... Le monde de la nuit étant devenu son unique univers. Sexe, alcool et drogue, la fête à outrance. Plus rien n'avait d'importance, le monde sous ses pieds s'était écroulé le jour du départ de son père et elle n'avait plus rien à quoi se raccrocher. Jusqu'au jour où elle perdit son appartement et où elle se retrouva de nouveau à la rue. À ce moment là, elle put voir le vrai visage de toutes ces personnes qui profitaient d'elle, car elle se retrouva seule. Aucun de ses prétendus amis n'était plus là, la fête venait de se finir brutalement. Elle passa quelques temps à errer comme cela de foyer en foyer. Régulièrement, elle faisait des petits passages chez notre mère qui, dés qu'elle la voyait, ne manquait pas de lui en remettre une couche. Et le ton montait, et notre père revenait systématiquement sur le tapis. Il était aux yeux de ma mère le seul responsable car il nous avait abandonnés! Un jour où **M**arie était plus faible qu'un autre, elles en arrivèrent aux mains. Ma sœur me confia plus tard que ce jour là, elle avait enfin pu se soulager et exprimer vraiment ce qu'elle avait en elle. Je vous dirais que sur le coup je n'avais pas compris ce sentiment, mais aujourd'hui, je suis d'accord avec elle...

Et maintenant?

Aujourd'hui, **M**arie va bien. Depuis ce jour, elle a compris d'où venaient ses problèmes, je crois qu'elle est partie un temps chez notre père car nous n'en avons pas eu de nouvelles durant quelques mois et un jour, nous l'avons vu revenir. Vous savez, je suis si fier d'elle, car elle est la seule qui a su s'en sortir sans trop de dommage... À présent, elle a retrouvé du travail, elle a déménagé et s'est installée au bord de la mer. Elle a refait sa vie et je crois qu'elle va bientôt se marier...

Quant à Tommy, lui, ne s'en sortira jamais. Vous savez, il y a quelques années en arrière, notre mère a récolté avec lui ce qu'elle avait semé. À force de lui mettre la pression, il n'a pas supporté et il est devenu complètement fou. La psychose s'est installée petit à petit dans sa vie, il ne savait plus où était sa place. Il ne l'a jamais dit, mais je pense que le jour où elle l'a séparé de son père, il a comme été amputé d'une partie de lui-même. La souffrance grandissant avec lui, il s'est enfermé à jamais dans ce silence qui le caractérise encore plus aujourd'hui. Les médecins sont très pessimistes en ce qui le concerne. Ils pensent qu'il ne reparlera plus jamais...

Je sais que nous n'avions pas le choix, mais même plus tard, nous n'avons rien fait...

Nous avons baissé les bras, nous l'avons laissés partir.

A onze ans, je suis devenu orphelin de père... Pourtant, j'avais son adresse et même un numéro de téléphone. Mais je n'ai rien fait. Au début, il nous écrivait pour nos anniversaires ; et puis, les cartes ont cessé d'arriver... C'est normal je pense. L'espoir fait vivre un moment mais il ne guérit pas les blessures. Jeter une bouteille à la mer ne sert à rien si les secours n'arrivent jamais!

Vous comprenez pourquoi j'ai dû faire ça! J'aimais mon père mais je n'ai pas eu le choix... On ne m'a pas laissé le choix, personne n'a jamais compris que le seul tort de notre père, était de nous aimer... Mais aucun amour n'est assez fort pour survivre au combat.

Ma mère m'a volé mon enfance. Elle m'a pris une partie de moi.

Je devais la tuer!

Aujourd'hui, je n'ai plus de remords. Juste des regrets...

Les blessures de l'enfance sont les plus longues à cicatriser. Bien souvent, elles ne se referment jamais et nous laissent un goût amer d'incompréhension. On grandit avec trop de questions qui, le plus clair du temps, demeurent sans réponses.

Être parents de nos jours, c'est sûr, ce n'est pas la même chose qu'il y a trente ans. La seule chose qui demeure identique, c'est l'incapacité à être de bons parents.